LA VÉRITÉ

J'TE LA RACONTE!

© Edition°1, 1997

Vertigo Productions présente

ÉLIE KAKOU

LA VÉRITÉ

J'TE LA RACONTE!

Edition°1

Raconter les histoires du Sentier par écrit sans les mains et sans accent, c'était a priori un défi à la nature pied-noir et au bon sens méditerranéen. Une atteinte à la liberté d'expression. Un crime lèse-tchatche. Seulement voilà : les meilleures histoires qui allaient bon train parmi les livreurs entre la rue d'Aboukir et la rue du Caire, les blagues qui faisaient vibrer les planches de Deauville, celles qui sonnaient plus fort que les jackpots du casino de Juan-les-Pins ont pris une autre dimension avec le succès du film *La Vérité si je mens !*

LA VÉRITÉ

Elles ont franchi la frontière du Sentier pour rencontrer un public aussi large que mélangé. Car le film réussit un mariage mixte entre juifs et pathos, Tunisiens et Algériens, Algérois et Oranais, et réconcilie même la Goulette et la Marsa.

Il était temps que le reste du monde cesse de se sentir exclu, et que, une fois passées les quatre-vingt-dix minutes du film, son bonheur ne s'arrête pas.

Qui pourra dire, après avoir lu ces centaines d'histoires réunies « live » sur le terrain (et livrées à un prix aussi modique) que l'humour du Sentier n'est pas aussi universel que généreux ?

Elie Kakou

LES
MÈRES

LA VÉRITÉ

Quelle est la station de métro préférée des mères juives?

**La station Monge:
« Monge, mon fils,
Monge! »**

● ● ● ● ● ● ● ● ● ● ● ● ● ● ● ●

*Quelle est la
différence entre
une mère juive
et un pit-bull ?*

**A la limite,
le pit-bull, lui, peut
vous lâcher...**

LA VÉRITÉ

Trois mères juives parlent de leurs fils:

– Mon fils m'a dit: Maman, tu as vu comment tu es habillée...? Et il a renouvelé toute ma garde-robe.
La seconde mère surenchérit:
– Moi, c'est pareil, il est venu chez moi la semaine dernière, il m'a dit: Maman, tu as vu dans quoi tu vis, tu mérites mieux. Et il m'a acheté un appartement à Passy.
Et, enfin, la troisième:
– Moi, c'est encore mieux. Il va trois fois par semaine chez un monsieur qu'il paye très cher rien que pour lui parler de moi.

● ● ● ● ● ● ● ● ● ● ● ● ● ● ● ●

Une mère juive se promène avec ses deux enfants. Quelqu'un lui demande leur âge et elle répond: – Le docteur, il a quatre ans et l'avocat, deux ans et demi.

J'TE LA RACONTE !

A quoi reconnaît-on une mère juive? La nuit, si tu te lèves pour aller pisser, quand tu reviens te coucher, ton lit est déjà refait.

LA VÉRITÉ

Deux mères juives se rencontrent au supermarché.

– Rachel, ma chérie, j'ai entendu dire pour ta fille... *Mazel tov!*

– Oui, elle se marie.

– Merveilleux. Et qui est l'heureux élu?

– David, il est chef de clinique à l'Hôpital américain de Neuilly.

– Ah? je croyais qu'il était avocat!

– Non, l'avocat, c'était son ex-mari.

– Ah, pardon! je ne sais pas pourquoi, je pensais que son ex-mari était psychiatre.

– Ça, c'était le premier mari, quand elle était jeune. Un analyste très connu!

– Ma chère, vraiment quelle chance d'avoir tant de joies avec une seule fille!

— J'TE LA RACONTE ! —

Une mère juive téléphone à la SNCF :

– *Allô ! il est à quelle heure, le train de mon fils ?*

LA VÉRITÉ

**Simon téléphone
à sa mère:
– Allô, maman!
comment tu vas?
– Ça va bien...
– Oh! désolé,
j'ai dû me
tromper de numéro!**

• • • • • • • • • • • • • • •

Une grand-mère promène
son petit-fils avenue Victor-Hugo,
dans le très chic
seizième arrondissement parisien.
Une voisine l'interpelle:
– Comme il est beau, votre petit-fils!
– Oh, ce n'est rien,
si vous voyiez les photos!

J'TE LA RACONTE !

Trois mères juives se rencontrent :
La première :
– Ahhhh !!
La seconde :
– Ohhhh !!!
Alors la troisième :
– Arrêtez, on avait décidé de ne pas parler des enfants aujourd'hui…

LA VÉRITÉ

Allô, maman! c'est David.
– Oh, Daviiid... Mon fils,
comment tu vas mon chéri?
– Bien, maman, tout va bien.
Mais je voulais te parler de deux
ou trois petites choses...
– Oui, mon fils, je t'écoute, je
suis là pour ça!
– Bon, ben voilà, maman, je vais
me marier...
– Mais c'est merveilleux!
Comment elle s'appelle, la petite?
Quand est-ce que tu me la présentes?
– Oui, mais maman, tu vois, le problème c'est que...
– C'est que quoi? Y'a pas de
problème... Ah, si ton pauvre père
était encore là pour te féliciter!
– Ben, c'est qu'elle est déjà
mariée... Enfin, divorcée.

J'TE LA RACONTE !

– Et alors, cela donne de l'expérience !

– Et y'a les deux enfants qu'elle a déjà eus.

– Des enfants déjà, je vais les aimer... Je le sens déjà.

– Et elle est noire.

– Noire ? Mais ce n'est rien... Mon Dieu, mon fils se marie !

– Et elle n'est pas juive...

– Ah, mais qu'est-ce que cela peut faire ! Ce qui compte, c'est l'amour et les sentiments.

– Alors, on peut passer, je vais te la présenter.

– Y'a pas de problème, et vous pourrez rester. Vous dormirez dans ma chambre.

– Mais toi, maman, tu vas aller où ?

– Moi, c'est pas grave, je me couche et je meurs !

LA VÉRITÉ

Maman, je vais
me marier !
– Avec qui ?
Avec un gars
de chez nous ?
– Euh, non,
avec un Arabe.
– Quoi avec un
goy et en plus
un Séfarade!

J'TE LA RACONTE !

Trois mères juives parlent de leur progéniture.
La première :
– Mon fils, il est tellement **riche** que, s'il voulait, il pourrait acheter un quartier de Paris.
– Madame Partouche, vous ne m'impressionnez pas, mon fils, il pourrait **s'acheter** Paris ou New York, en entier.
– Et qui vous dit que mon fils veut **vendre**, répond la troisième.

LA VÉRITÉ

Charlie Bensoussan est élu. Il s'agit du premier juif élu président de la République. Il appelle sa mère à Cannes.

– Maman, tu viens à l'investiture ?

– Non, mon fils, je n'aime pas les voyages... J'aime pas prendre le train... La prochaine fois.

– Mamaannn, tu peux pas me faire ça...

– Mais, mon fils, c'est pas grave...

– Tu ne prendras pas le train, un avion de l'armée viendra te chercher...

– Mais tu sais, mon fils, je n'aime pas les hôtels...

– Maman, tu vas pas dormir à l'hôtel... Tu vas dormir avec moi, à l'Elysée... Y'a des chambres partout !

– Mais tu sais, mon fils, dans ces grandes cérémonies, il n'y a pas à manger kasher...

– Mais si, là, y'aura un buffet kasher...

Alors la mère finit par se laisser convaincre et assiste à l'investiture. Arrive le moment de la conférence de presse du nouveau président. La mère a tenu à être assise au premier rang des journalistes. Elle se retrouve avec les cadors de la profession, assise entre deux chroniqueurs politiques très célèbres. Elle se penche alors vers l'un d'eux.

– Vous voyez mon fils, là, eh bien son frère, c'est un grand docteur.

22

J'TE LA RACONTE !

David a quitté la demeure familiale, sa mère est donc partie s'installer à Cannes. Les premiers temps, il l'appelle tous les jours, puis une fois par semaine... Enfin, il téléphone de moins en moins fréquemment. Un jour, il reçoit un coup de fil de l'hôpital de Cannes :

– Monsieur, votre mère est chez nous, elle souffre de malnutrition !...

David accourt voir sa mère et, lorsqu'il arrive, tout honteux, il lui demande :

– Maman, pourquoi tu ne mangeais pas ? je t'envoyais de l'argent...

– Je ne voulais pas avoir la bouche pleine si tu appelais...

LA VÉRITÉ

Une mère juive se plaint de ne plus pouvoir communiquer avec son fils chéri. Une amie lui conseille d'aller voir un

psychanalyste.

Le fils, pour éviter encore des histoires, se laisse convaincre.

Ils se rendent au cabinet du docteur Leibowitz, et ce dernier demande à la vieille dame de se retirer dans la salle d'attente, il doit parler en tête à tête avec son fils.

La conversation dure une demi-heure, puis le psychanalyste rappelle la mère :

– Bon, écoutez, madame Lévy, votre fils

souffre d'un complexe d' **Œdipe**...

– Un complexe... Mais un complexe, c'est pas grave tant qu'il aime sa **mère !**

J'TE LA RACONTE!

Quelle est la différence entre une mère juive et une mère catholique?

**Lorsque son fils ne finit pas sa soupe, la mère catholique dit:
– Finis ta soupe ou je te tue!
Tandis que la mère juive dit:
– Si tu ne finis pas ta soupe,
je me tue!**

• • • • • • • • • • • • • • • •

Que font les mères juives pour changer une ampoule?

Rien: – C'est pas grave, mon fils, je resterai assise là, dans le noir!

LA VÉRITÉ

Madame Partouche réveille son fils:
- Michaël, c'est l'heure de te lever pour aller à l'école.

Michaël remonte la couverture sur sa tête.
- J'ai pas envie!
- Ah non? Tu dois y aller!
- J'ai pas envie! Les profs ne m'aiment pas, et tous les enfants se moquent de moi et me donnent des coups de pied!

Madame Partouche soulève la couverture.
- Michaël, tu n'as pas le choix, tu dois y aller.
- Ah bon? Donne-moi une seule bonne raison d'y aller!
- Bien sûr, Michaël, tu as quarante-cinq ans et tu es le directeur!

J'TE LA RACONTE !

Un mauvais garçon vient de se prendre un coup de couteau dans un café mal famé du Sentier. Il est grièvement blessé, mais il arrive à se traîner dehors et, malgré ses forces qui s'amenuisent, il rampe jusqu'à la porte de chez sa mère. Il sonne en râlant: «Maman, maman...» Elle ouvre:
– Rentre, mange quelque chose et après tu me raconteras!

LA VÉRITÉ

Pour l'anniversaire de son fils, une mère lui offre deux cravates, une verte et une rouge.
Le vendredi soir suivant, le fils va dîner chez sa mère et porte la cravate verte.
La mère, attristée, lui demande :
– Mon fils, elle te plaît pas, **la rouge**

J'TE LA RACONTE !

Une mère juive va chercher
son fils au bateau à Marseille.
Le fils sort sa tête par le
hublot et crie:
– Hé maman! C'est moi,
ton fils, je suis là!
– Mon fils, qui c'est qui t'a mis
ce paquebot
autour du cou?

LA VÉRITÉ

Deux mères juives se rencontrent :
– J'ai deux nouvelles, une **BONNE** et une **MAUVAISE.**
La mauvaise, c'est que mon fils est homosexuel.
La bonne, c'est qu'il sort avec un médecin !

J'TE LA RACONTE !

– Maman, maman,
je pars travailler
à l'étranger !
– D'accord, mon fils,
mais **ne
rentre pas
trop tard**
ce soir !

LES HOMMES, LES FEMMES ET LES ENFANTS

LES
HOMMES,
LES
FEMMES
ET LES
ENFANTS

LA VÉRITÉ

– Maurice, tu aimes les femmes
qui ont des poils sous les bras,
qui puent,
qui ont des furoncles
dans le dos
et qui ont les
dents jaunes ?

– Beurk, non !!!

– Alors, pourquoi
tu baises ma femme
???

LA VÉRITÉ

Charlie Boutboul est accusé de viol. Tout au long de l'enquête, il a farouchement nié avoir violé Mlle Solange Duchemin, alors qu'elle l'a formellement reconnu. Le procès commence. Charlie entre dans le prétoire, bruyamment soutenu par tous ses amis du Sentier qui sont dans la salle.

Le président fait entrer la victime, Mlle Duchemin.

J'TE LA RACONTE !

Le président s'adresse alors à l'accusé, d'un ton solennel :
– Monsieur Boutboul, connaissez-vous Mlle Duchemin, ici présente ?
Ce dernier se retourne vers ses amis dans le public et s'esclaffe :
– **Comment si je la connais ?!** mais je l'ai niquée !

LA VÉRITÉ

Salomon et Sarah, un vieux couple juif, sont couchés dans leur lit. Soudain Salomon réveille sa femme :

– Dis-moi, Sarah :

quand nous vivions en Pologne et que les paysans du village voisin ont fait un pogrom et brûlé notre maison, tu étais avec moi ?

– Mais oui, Salomon, j'étais avec toi.

– Dis-moi Sarah : en 42 à Paris, le jour de la rafle, quand les nazis nous ont capturés, tu étais avec moi ?

– Mais oui, Salomon, bien sûr que j'étais avec toi.

J'TE LA RACONTE !

– Dis-moi Sarah : à Auschwitz,
dans le camp, tu étais avec
moi ?
– Mais oui, Salomon, j'étais
avec toi.
– Dis-moi Sarah : quand on
s'est échappés du camp, tu
étais avec moi ?
– Mais oui, Salomon, j'étais
avec toi.
– Dis-moi Sarah : quand les
Allemands nous on rattrapés
après trois jours de marche
dans la neige, tu étais avec
moi ?
– Mais oui, Salomon, j'étais
avec toi.
– Dis-moi Sarah : quand on a
monté notre première affaire rue
du Sentier et que le magasin a

LA VÉRITÉ

brûlé... tu étais avec moi ?
— Mais oui, Salomon, j'étais avec toi.
— Dis-moi Sarah : quand on a planté notre Rolls l'année dernière, tu étais avec moi ?
— Mais oui, Salomon, j'étais avec toi.

— Dis-moi Sarah :

tu me porterais pas un peu la scoumoune

J'TE LA RACONTE !

Pour le vingt-cinquième anniversaire de leur mariage, Maurice offre à sa femme une concession au cimetière. Pour qu'elle repose en paix. Arrive le vingt-sixième anniversaire de leur mariage, cette fois-ci Maurice ne donne rien à sa femme. Cette dernière s'étonne :

– Tu ne m'offres rien cette année ?

– Non, tu n'as pas encore utilisé le cadeau de l'année dernière !

LA VÉRITÉ

Rebecca, onze ans,

**rentre de l'école :
– Maman, Maman,
la maîtresse, elle veut que,
demain, nous venions tous
en costume traditionnel !
– Oh, chéri, t'entends ça ! La
petite, elle a pas douze ans,
qu'elle a déjà besoin d'un
manteau de fourrure !**

● ● ● ● ● ● ● ● ● ● ● ● ● ●

**Rebecca croise Rachel :
– Oh, ma chérie, tu viens aux
Noces de Figaro ?
– On ne peut pas... mais on
enverra des fleurs !**

J'TE LA RACONTE !

– **Deux places pour l'Opéra.**
– *Pour Madame Butterfly ?*
– **Non, pour madame Benchetrit !**

LA VÉRITÉ

Salomon marche dans Jérusalem et se cogne le pied contre un objet. Il le ramasse, c'est une vieille lampe à huile. Il la frotte avec sa manche et un génie jaillit!

– Fais un vœu et je l'exauce immédiatement.

– Oh! tu sais, j'ai quatre-vingts ans, je n'ai plus beaucoup de désirs.

– Arrête, je dois exaucer un vœu ou je repasse dix mille ans dans cette lampe.

– Bon. Mon pays, Israël, est en guerre depuis des années. Ne pourrait-on pas faire la paix avec nos voisins?

– Passe-moi la carte du Moyen-Orient. (*Silence...*) ● ● ●

J'TE LA RACONTE !

● ● ●

Dis donc, c'est pas simple...
Le Liban, la Syrie, l'Egypte,
les Palestiniens, et j'en passe...
Mes pouvoirs sont immenses,
mais, là, tu me demandes
quelque chose de trop difficile,
tu n'as pas autre chose comme
vœu ?
– Bon. Ah oui : Sarah, ma femme,
en soixante ans de mariage, ne
m'a jamais fait de turlute, tu ne
pourrais pas m'arranger ça
avant que je meure ?
Tout content, le génie rentre
dans la maison de Salomon.
Il voit sa femme et là, après
un nouveau soupir...
– Repasse-moi la carte du
Moyen-Orient.

LA VÉRITÉ

Un juif va voir son psychiatre:
– Voilà, je viens vous voir parce que, depuis que notre magasin ne marche plus, ma femme, Rachel, développe un sentiment d'infériorité...
– Et alors, moi, qu'est-ce que je peux faire ? répond le psychiatre.
– Eh bien... la maintenir dans cet état !

●●●●●●●●●●●●●●●●

C'est un petit juif avec une pointe d'accent qui part en vacances à New York.
Dans la rue, il croise une très jolie femme...
Blonde, grande...
– Je serais heureux d'avoir un rendez-vous avec vous demain?

– **Never !** répond-elle dans sa langue.

– **Neuf heures,** neuf heures et demie... O.K.

J'TE LA RACONTE !

Un vieux juif à l'article de la mort appelle sa femme.

– Ma chérie : je lègue la maison de Saint-Tropez à Rebecca.

– **Ça va pas !** dit la mère... Rebecca ne fait pas attention aux choses... En quelques mois, elle va laisser la maison tomber en ruine !

– Ma chérie, je laisse la Jaguar à David.

– **Tu es fou...** Tu as vu comme il conduit mal... C'est un danger de la route, David. Il va exploser la voiture en quelques jours !

– Je lègue aussi le bateau à Samuel et à sa femme...

– Mais... ils ne savent pas nager !

– Oh... rétorque l'agonisant en se relevant, c'est toi ou c'est moi qui meurt ?

47

LA VÉRITÉ

C'est un vieux juif sur son lit de mort à l'hôpital. Son fils aîné vient le voir... La fin est proche. Le fils le pressent et demande à son père quelle est sa dernière volonté.

– Mon fils, je n'aimerais pas quitter ce monde sans goûter une dernière fois un de ces si bons strudels que fait ta mère.

– Je vais t'en chercher... Patiente, je reviens, papa chéri...

Le fils accourt et il trouve, une fois à la maison, sa mère aux fourneaux. Justement, en train de faire des strudels...

– Maman, maman, je prends ces strudels, c'est pour le vieux père qui est mourant...

– Non, mon fils, ceux-là, c'est pour après les funérailles !

J'TE LA RACONTE !

Un passant s'arrête dans la rue, impressionné par la multitude qui suit un enterrement. Le cortège est composé du cercueil, porté par une calèche, puis suit un chien, enfin une foule impressionnante, plus de deux cents personnes...
Un passant interpelle l'une d'elles :
– Qui est mort ?
– Ma belle-mère.
– Et c'est son chien qui n'arrive pas à se séparer d'elle ?
– Non, c'est le mien, il l'a tuée.
– Oh! Vous pourrez me le prêter, votre chien ?
L'homme désigne le cortège :
– Faites comme tout le monde, faites la queue !

LA VÉRITÉ

Quelle est la différence entre un mariage juif orthodoxe, un mariage juif conservateur et un mariage juif libéral ?

A un mariage orthodoxe, la mère de la mariée est enceinte. A un mariage traditionnel, la mariée est enceinte. Et à un mariage libéral, c'est la rabbine qui est enceinte.

J'TE LA RACONTE!

– Maman, je vais divorcer...
– Tu es folle ma fille ! Il est beau, il est riche...
– Oui, mais je vais divorcer quand même.
– Mais il a la Porsche, il a la maison à
Deauville, l'appartement dans le 16e, l'un des
plus gros cabinets d'avocats de Paris...
Qu'est-ce que tu veux de plus ma fille ?
– Divorcer...
– Mais tu es folle !
– C'est un malade, maman...
– Quoi, un malade, il t'a pas bien traitée par
hasard ! tu n'as pas eu toutes les fourrures
que tu voulais ! les voyages et les bijoux !
Qu'est-ce que tu veux de plus ?
– Ecoute, maman, c'est un malade du sexe. Il
ne me laisse jamais tranquille...

– *Mazel tov !* ma fille !

– Ecoute, quand je l'ai connu, j'avais le trou de
balle large comme une pièce de 50 centimes,
maintenant comme une pièce de 5 francs.
– Et alors, tu vas quand même pas divorcer
pour 4,50 francs !

51

LA VÉRITÉ

- Maman, je vais me marier !
- Oh, ma fille, c'est pas une bonne nouvelle ça ! Je suis si contente... il est juif au moins ?
- Euh, non !

– Jamais tu n'épouseras un goy !

- Mais maman, il va se convertir.
- Alors d'accord !
Le jeune homme commence alors le parcours du combattant : prières, discussions avec le rabbin, circoncision, etc. Enfin, il est juif. Mais là, stupeur, Rachel ne veut plus de lui... Effaré, le jeune homme va voir la mère de Rachel, pour qu'elle intervienne auprès de sa fille.
- Madame, je me suis converti, et elle ne veut plus de moi ! Qu'est-ce que je vais faire ?
- Tu vas faire comme tous les juifs, tu vas épouser une chrétienne !

J'TE LA RACONTE !

Ecoutez-moi, monsieur Cohen, cette fois j'ai vraiment une fille qui pourrait tout à fait vous convenir. Regardez cette photo, elle n'est pas jolie la petite brune ?

– Mais je la connais, c'est Rebecca Bensimon, la fille du pédiatre !

– Exactement, et vous savez à combien se monte sa dot ? Trois millions !

– Oui, je l'ai vue, elle boite... Enfin, à l'époque, elle boitait. Elle boite toujours ?

– Non, pas toujours, seulement quand elle marche.

● ● ● ● ● ● ● ● ● ● ● ● ● ●

Ma fille se marie demain et j'ai promis une dot de un million, dit Richard à son meilleur ami. C'est terrible, il m'en manque la moitié !

– Et alors ? Tu sais qu'on ne donne que la moitié de la dot.

– Justement, c'est cette moitié-là qui manque !

LA VÉRITÉ

– Papa, papa, j'ai gagné
cinq francs !
– Ah, oui, et comment ?
– Ce matin, j'ai raté le bus, j'ai couru après, et quand j'allais le rattraper, j'étais arrivé à l'école.
– Imbécile, si tu avais couru après un taxi, tu aurais gagné **30 francs.**

J'TE LA RACONTE !

Rachel et Salomon passent en voiture rue Saint-Denis. Rachel regarde les dames de petite vertu qui attendent le client, largement dévêtues.

– Salomon, je ne comprends pas ce que vous leur trouvez, vous les hommes, à ces femmes... Qu'est-ce qu'elles ont de plus que nous?

– Tu sais, ma chérie, c'est des professionnelles... Elles font des choses qu'elles seules savent faire.

– Mais quel type de choses!

– Des choses...

– Salomon, tu vas me répondre, oui!

– Ben, je ne sais pas. Par exemple, elles peuvent geindre.

– Ah, c'est ça! Mais moi aussi je peux geindre!

– On verra ce soir.

Le soir arrive, Sarah s'est vêtue pour la circonstance, puis va se coucher, rejoindre Salomon dans son lit. Puis Salomon commence sa petite affaire.

– C'est maintenant que je geins?

– Non pas encore Rachel.

– ...

– C'est maintenant?

– Pas encore!

– ...

– C'est bon, tu peux geindre maintenant...

– *Ah! je n'ai pas d'argent pour payer le loyer, Il y a de plus en plus de factures à payer, mon fils veut se marier... aïe..aïe...aïe!*

55

LA VÉRITÉ

– Hello, madame Lévy, comment allez-vous?

– Très bien, très bien.

– Et votre fille?

– Oh, très bien, elle vit comme une princesse!

– C'est pas possible! Mais dites donc, elle
a fait un bon mariage...

– Dieu merci! Son mari est formidable. Elle
ne fait rien à la maison.

Ils ont du personnel.

Elle reste au lit jusqu'à midi.

La bonne lui apporte le petit déjeuner.

Elle s'habille, part déjeuner avec ses

amies, puis elles vont au country-

club, elles jouent au tennis,

parfois elles font des courses,

les grands magasins,

les boutiques du

boulevard Saint-Germain...

Puis elle rentre en vitesse se changer

avant de filer aux cocktails de l'après-midi

ou aux parties de bridge...

Et le soir, les fêtes et les réceptions.

Une vie de princesse, je vous dis...

56

J'TE LA RACONTE !

– Et votre fils Sam, il s'est marié aussi,
non ? Comment, il va le petit ?
– Hélas! pour son grand malheur, il s'est
marié... Avec une bonne à rien, je vous dis!
Pas foutue de se lever avant midi,
et puis madame, elle veut le petit
déjeuner au lit.
Elle ne veut rien faire à la maison...
Rien, je vous dis!
Sam, il est obligé de se saigner
aux quatre veines pour payer le
personnel.
Elle, la dame, elle se croit obligée de passer
ses journées en ville, un coup je vais aux
grands magasins, un coup je fais du sport.
Comme si les femmes faisaient du sport!
Et je ne vous parle pas des cocktails
ni des parties de bridge!
Ça se prend pour une princesse, ma parole!

57

LA VÉRITÉ

Samuel est sur son lit de mort, entouré de ses trois fils.

– Ne sois pas triste, papa, dit l'aîné, nous te ferons de superbes funérailles. Il y aura des centaines de personnes, des dizaines de limousines.

– C'est trop, beaucoup trop, rouspète le deuxième fils. Quelques fleurs, quelques voitures et voilà!

– Pourqoi des fleurs? surenchérit le petit dernier.

Alors le vieux mourant se relève péniblement et dit:

– Donnez-moi mon pantalon, je vais y aller à pied, au cimetière.

J'TE LA RACONTE !

Un petit juif, **DAVID,** a été inscrit par ses parents dans une école catholique.

– Bon, les enfants, aujourd'hui je vais vous poser une question très importante :
Qui est, d'après vous, l'homme le plus important de l'Histoire ?
Celui qui donnera la bonne réponse aura dix sur dix et cinq bons points.
Toi, d'abord, **OSCAR.**

– Pour moi, c'est le *général de Gaulle.*
Il a sauvé la France contre les Allemands.

– Bien, et toi, **ARTHUR.**

– Pour moi, c'est *Jeanne d'Arc.*
Elle a sauvé la France contre les Anglais.

– Bien, et pour toi David.

– Pour moi, c'est *Jésus,*
parce qu'il a changé la face du monde !

– C'est très bien, David. Tu as dix sur dix et cinq bons points. Récréation.
Les trois enfants se retrouvent dans la cour.
Et David confie à ses amis :

– Pour moi, c'est pas Jésus, c'est *Moïse,*
l'homme le plus important de l'Histoire...
MAIS BUSINESS IS BUSINESS...

LA VÉRITÉ

Deux femmes juives discutent:
- Mon mari, à chaque fois qu'il
m'offre des fleurs,
je suis obligée d'écarter les
jambes.
- Pourquoi, tu as pas de
vase chez toi??

● ● ● ● ● ● ● ● ● ● ● ● ● ● ● ●

C'est Albert qui trimbale partout avec
lui sa femme moche.
Ses copains en ont marre et lui disent:
- Albert, c'est pas possible, chaque fois
qu'on fait un truc, tu nous amènes ta
femme qui est moche comme un pou,
ça fait baisser la cote.
Pourquoi tu l'emmènes toujours avec
toi, ta femme ?
- C'est parce que j'arrive pas à lui dire
au revoir!

J'TE LA RACONTE !

Sarah Abitbol se rend au cimetière. Elle ne retrouve plus la tombe de son mari, mort depuis quelques années. Elle va voir le gardien.
– Je cherche la tombe de mon mari, Isaac Abitbol.
Le gardien consulte son listing.
– Voyons... Isaac Abitbol. Non, il n'y en a pas. Je ne vois pas. Par contre il y a une Sarah Abitbol.

– Mon pauvre chéri,

il a toujours tout mis à mon nom !

LA VÉRITÉ

Deux juifs chefs de famille s'extasient sur la magnifique éducation qu'ils prodiguent à leur progéniture. Le premier :

– Chez nous, à table, on ne parle que de culture, d'art, de littérature...

Le second :

– Eh bien ! chez nous, on ne parle que d'argent...

– C'est normal, on ne parle que de ce que l'on n'a pas !

J'TE LA RACONTE !

Comment reconnaît-on un père juif devant l'école primaire de la rue d'Aboukir ?

C'est celui qui recommande à son fils d'enlever ses lunettes lorsqu'il regarde des choses sans importance !

LA VÉRITÉ

C'est deux jeunes copains, un Italien et un juif. Ils sont nés le même jour. Pour leur anniversaire, le papa du petit Italien, qui est mafioso, offre à son fils un beau petit *pistolet ;* le papa du petit juif lui offre une superbe *Rolex.*

Le lendemain, à l'école, ils se montrent ce qu'ils ont reçu la veille comme cadeau, et comme chacun d'entre eux trouve celui de l'autre plus chouette que le sien, ils échangent.

Lorsque le papa italien rentre chez lui le soir, il voit la montre sur le poignet de son fils et demande:

– Où as-tu pris cette montre?

Le petit Italien explique l'échange à son père. Le mafioso lui fiche une torgnole et crie:

– Espèce de petit con! T'es vraiment débile ou tu le fais exprès? Un jour, peut-être, tu vas te marier. Puis un autre jour, peut-être, tu rentreras chez toi et tu trouveras ta femme au lit avec un autre homme. Qu'est-ce que tu feras alors?

Tu regarderas ta montre et tu diras

«Vous en avez encore pour longtemps?»

J'TE LA RACONTE !

Quelles sont les trois grandes fêtes juives ?

– Yom Kippour, Rosh Ha-Shana... et le Salon du prêt-à-porter !

LA VÉRITÉ

Sarah emmène le petit Jérémie chez le vieux tailleur Isaac afin de lui acheter un beau costume pour sa bar-mitsva. Ils entrent dans la modeste échoppe:

– Bonjour Sarah, bonjour Jérémie! Vous venez pour un costume ?

Sarah lui fait un topo de la situation et lui précise bien:

– Et surtout Isaac, je veux ton plus beau tissu pour le costume du petit !

Isaac lui promet un costume exceptionnel et il prend les mesures du petit.

Une semaine après, Sarah passe chez le vieil Isaac avec son fils pour prendre livraison du vêtement. Le costume est très joli et va comme un gant à Jérémie.

Après avoir payé (très cher, mais bon, un tissu pareil...), Sarah et Jérémie s'en vont prendre le métro. Mais voilà qu'un orage éclate soudain et que, le temps de courir s'abriter, ils sont tous les deux trempés jusqu'aux os.

Sarah regarde alors le petit et là, stupeur: le costume, taillé dans un tissu de pacotille, a affreusement rétréci et les bras et jambes du petit Jérémie dépassent d'une bonne dizaine de centimètres...

Furieuse, Sarah retourne chez le tailleur en traînant son fils derrière elle, entre furibarde dans la boutique et se retrouve devant le vieil Isaac qui s'exclame en découvrant le petit:

– Mon Dieu, comme il a grandi !

J'TE LA RACONTE !

Deux amis juifs se rencontrent **rue d'Aboukir :**
– Ah, j'en ai marre de cette vie, j'aimerais rejoindre mes frères, retourner auprès des miens !
– Mais tu es fou, qu'est-ce que tu ferais en **Israël ?**
– Mais qui te parle d'Israël ? C'est à **Deauville** que je veux aller !

LA VÉRITÉ

Rachel et Simon ont tenu un pari au magasin. Ils ont misé sur une collection tout en rose. Tous les modèles étaient roses, tous les sacs en plastique roses, la devanture rose, l'intérieur du magasin rose, les vendeuses également habillées en rose... Le magasin, on le voyait de loin. Mais les affaires ne furent pas aussi roses! Rien n'a été vendu à la fin de la saison. La faillite guette, quand un Américain se présente.
– Bonjour, je cherche des vêtements roses pour femmes. C'est la dernière tendance à New York! Je vous achète toute la collection...
– Oh, vous savez, monsieur l'Américain, dit Simon, ça marche très fort ici, on sait pas si on a intérêt...
– Je double le prix...
– Oui, mais bon, cela nous embête: on s'était engagés avec des clients d'ici...
– Je triple!!! rajoute l'Américain.
– D'accord.
– Affaire conclue. Simplement, je rentre à New York et, s'il y a le moindre problème avec mes supérieurs, je vous envoie

68

J'TE LA RACONTE !

un télégramme lundi matin... S'il n'y a pas de télégramme... c'est bon, l'argent arrive, plus qu'à m'expédier la marchandise...

– Entendu, monsieur.

Simon et Rachel, une fois l'Américain parti, dansent de joie dans le magasin. La faillite est évitée... Plus qu'à attendre lundi et l'affaire est dans le sac !

Le lundi matin arrive et soudain la sonnette retentit chez Simon et Rachel... Ils ouvrent et restent pétrifiés : un facteur leur tend un télégramme !

Rachel commence à pleurer... Pendant ce temps, Simon déchire l'enveloppe et lit le télégramme. Il explose d'un fou rire et ne peut plus se contenir. Rachel interroge :

– Qu'est-ce qui se passe, Simon ?

– Rien... Ah !... C'est une bonne nouvelle ! Ta mère est morte !

LA VÉRITÉ

Une fois le magasin fermé, une bande de vieux potes se retrouve au café. Les blagues fusent.

– Cohen et Lévy, un jour...

– Mais, interrompt l'un, pourquoi tu racontes toujours des blagues sur les juifs. Pourquoi jamais sur les Chinois, par exemple... Eux aussi, ils travaillent dans le Sentier.

– Tu as raison! Je reprends: Un jour Zing Tsao et Ming Chou se rendent chez Tchang pour la bar-mitsva de son fils...

J'TE LA RACONTE !

Quelle est la différence entre un tailleur de la rue Saint-Denis et un psychanalyste ?

Une génération !

LA VÉRITÉ

Simon rencontre un ami dans la rue, qui continue sa route sans lui adresser la parole.

– Hé, Norbert, tu pourrais me demander de mes nouvelles !

– Si tu veux. Comment vas-tu ?

– Vaut mieux pas me le demander !

J'TE LA RACONTE!

Rockfeller, à l'âge de 18 ans,
fauché comme les blés,
se balade dans la rue.
Il trouve une pomme sale par
terre. Il la nettoie et la vend à
un passant pour **50 cents**...
Avec ses 50 cents, il achète
deux pommes à 25 cents,
pommes qu'il nettoie et revend
1$ à un passant.
Avec son dollar en poche, il
achète 4 pommes, qu'il nettoie
et qu'il revend **2$.**

À 19 ans, il hérite de sa grand-
mère...

LA VÉRITÉ

Moïshe est fan de Claudia Schiffer et lui écrit des milliers de lettres.
Son agent recommande à Claudia Schiffer de répondre à cet admirateur ou de l'appeler un jour où elle passera à Paris.
C'est ce que fait Claudia.
Elle appelle Moïshe :
– Bonjour, c'est

Claudia Schiffer.

Merci pour vos lettres, c'est vraiment gentil. Voulez-vous qu'on se rencontre, qu'on boive un café ensemble ?
– Non, non, vraiment, je veux rien.
– Vous voulez que je vous envoie des photos dédicacées, quelque chose de particulier ?
– Non, vraiment, rien. Par contre, ce qui me ferait plaisir, c'est de vous raccompagner à l'aéroport.

J'TE LA RACONTE !

Vous savez, mon plaisir dans la vie c'est de raccompagner les gens à l'aéroport.

Et là-bas, si vous pouviez vous retourner et me faire signe de la main, en me disant «Au revoir Moïshe», là je serais vraiment content.

Le lendemain, ils se retrouvent à Orly. Il accompagne Claudia jusqu'à la salle d'embarquement.

Entre-temps, Moïshe a fait venir tous ses amis du Sentier.

Comme convenu, Claudia Schiffer se retourne et lui envoie un baiser de la main en lui disant :

– Au revoir Moïshe.

Et Moïshe, d'un geste dédaigneux lui lance :

– Allez, c'est ça, casse-toi !!

LES AFFAIRES ET L'ARGENT

LES
AFFAIRES
ET
L'ARGENT

J'TE LA RACONTE !

– Mon fils,
tu as voulu faire HEC,
tu as fait HEC...
Tu as voulu faire Harvard,
tu as fait Harvard...
Tu as voulu faire le MIT,
tu as fait le MIT...
Mais maintenant, mon
fils, le temps est venu de
prendre une décision :

prêt-à-porter

MASCULIN

ou prêt-à-porter

FÉMININ ?

LA VÉRITÉ

Qu'est-ce qu'un antisémite ?

Quelqu'un qui négocie le prix d'un costume !

J'TE LA RACONTE!

Serge Bokobza, du magasin Clavin Kein's, passe une commande de tissu à Taiwan.
Il reçoit un fax en retour: «Désolé, ne pouvons honorer cette commande jusqu'à ce que la commande précédente soit payée!»
Bokobza répond: «Désolé, je ne peux pas attendre si longtemps!»

LA VÉRITÉ

Une vieille dame juive prend un taxi. A un carrefour, l'accident ! La voiture fait un tonneau et la vieille dame est bloquée à l'arrière du véhicule. Les pompiers arrivent vite et tentent de réconforter la vieille dame tout en faisant leur possible pour la dégager.

– Ahhhhh ! crie-t-elle au policier qui lui tient la main par la vitre brisée.

– Ne vous inquiétez pas, madame, nous sommes là !

– Ahhh... Ahhh...

– Nous allons bientôt vous dégager.

– AhhhAHHH...

– Ça va aller... Calmez-vous !

– AHHHHH! Ahhhh ! Arrêtez le compteur !

J'TE LA RACONTE !

Quel est le seul endroit où les juifs jettent l'argent par les fenêtres?

– Au péage de Deauville!

LA VÉRITÉ

Moïse a perdu son portefeuille pendant un dîner de gala. Lorsqu'il s'en aperçoit, il prend le micro et s'adresse à l'assemblée :

– Mesdames et messieurs, j'ai égaré mon portefeuille ce soir, il contenait 5 000 francs. J'offre 300 francs à la personne qui le retrouvera.

Du fond de la salle, s'élève une voix :

– J'en offre 400 !

J'TE LA RACONTE !

Samuel dit à David :

— Je suis très, très malade, mais je n'ose pas aller voir le médecin, c'est tellement cher...

— Ecoute, tu dois y aller, tu dois t'occuper de ta santé... Il ne faut pas jouer avec le feu ! Va voir le docteur Partouche, il pratique un tarif dégressif, quand on vient le revoir, il ne prend plus que **la moitié du prix...**

Samuel se présente alors chez le docteur Partouche et lui déclare :

— Bonjour docteur, **c'est encore moi !**

LA VÉRITÉ

David et Bruno ne se sont pas vus depuis des années. Ils se retrouvent à la terrasse d'un café et discutent de ce qui leur est arrivé depuis leur dernière rencontre.

Finalement, Bruno invite David à venir dîner chez lui un de ces soirs :

— J'ai une femme et trois enfants, et ils seront très contents de te voir !

— C'est d'accord. Dis-moi, où est-ce que tu habites alors ?

— Tiens, je t'ai écrit l'adresse sur ce petit bout de papier. Tu verras, il y a plein de places pour se garer. Une fois devant

J'TE LA RACONTE!

la porte de l'immeuble, ouvre-la avec un bon coup de pied, va jusqu'à la porte de l'ascenceur et appuie sur le bouton avec ton coude pour l'appeler. Une fois dedans, appuie sur le sixième bouton, toujours avec ton coude. Au sixième étage, tu verras mon nom sur la deuxième porte à droite. Alors presse le bouton de la sonnette avec ton coude et on t'ouvrira!
– Très bien... Mais, dis-moi, qu'est-ce que c'est que cette histoire d'ouvrir les portes d'un grand coup de pied, et d'appuyer sur les boutons avec le coude?
– Ben, tu ne vas quand même pas venir les mains vides!

LA VÉRITÉ

Maurice est victime d'une insommie, il se tourne et se retourne dans son lit. Epuisée, sa femme l'interpelle :
— Bon, Maurice, qu'est-ce qu'il y a ? Pourquoi tu ne dors pas ?
— Ben voilà, ma femme, je dois 5 000 francs à David. Je dois les lui rembourser demain et je ne les ai pas !
— Ne pas dormir ne va pas les lui rendre !
— Oui, mais comment je vais faire ?
— Attends un peu...
Décidée, la femme se lève, file à la fenêtre, l'ouvre et commence à crier :
— David, David...
Une lumière s'allume dans l'immeuble voisin et une fenêtre s'ouvre.
— Sarah, pourquoi tu me réveilles ?
— David, mon mari, te doit 5 000 francs qu'il devait te rendre demain. Eh bien il te les donnera pas !
Elle referme la fenêtre et se tourne vers son mari :
— Maintenant, c'est lui qui ne peut pas dormir !

J'TE LA RACONTE !

Deux juifs sont allongés sur le sable, à la plage de Deauville.
– Samuel, la mer monte...
– Achète !

LA VÉRITÉ

David et Simon sont à Jérusalem devant le mur des Lamentations. Ils ont tous les deux des problèmes avec leur magasin dans le Sentier.

Simon :

– Mon Dieu, s'il te plaît, fais-moi gagner cinq millions, s'il te plaît, juste cinq millions, pour toi c'est rien, et pour moi, tellement, mon Dieu...

David, à son tour :

– Mon Dieu, si tu savais, je n'ai pas d'argent du tout... Je te demande seulement 100 francs pour survivre, manger aujourd'hui et demain...

Alors Simon se tourne vers David et lui tend un billet :

– Tiens tes 100 francs et laisse le bon Dieu se concentrer !

● ● ● ● ● ● ● ● ● ● ● ● ● ● ● ● ●

Comment commencent toutes les recettes de cuisine du Sentier ?

Vous **empruntez**

deux œufs...

J'TE LA RACONTE !

William arrive au café et retrouve David.

– Tu m'as l'air bien irrité?

– Tu ne peux pas savoir... Ma fille aînée n'arrête pas de me demander tous les jours de l'argent !

– Et pour quoi faire ?

– Je ne sais pas : je ne lui en donne pas !

LA VÉRITÉ

Un père et une mère sont sur leur voilier, au large de Juan-les-Pins. Soudain, le fils tombe à l'eau et coule.
Les parents frôlent l'hystérie :
– Mon Dieu du Ciel, rendez-nous notre enfant !
Par un grand miracle, l'enfant surgit des flots et remonte sur le bateau.
Les parents louent le Ciel pour sa grande miséricorde lorsque le père remarque quelque chose et s'exclame :
– Dis-donc, Rachel, le petit, il avait pas une casquette, quand il est tombé à l'eau ?

● ● ● ● ● ● ● ● ● ● ● ● ● ● ●

Un mendiant demande l'aumône au banquier Simon.
– Impossible, répond celui-ci, j'ai déjà assez d'entretenir mon frère.
– Pourtant, insiste le mendiant, votre frère proteste que vous le laissez sans le sou.
– Allons, tu ne voudrais pas que je te donne de l'argent alors que je laisse mon propre frère

sans le sou ?

J'TE LA RACONTE !

Un juif meurt et arrive alors devant Dieu, au Tribunal céleste. Il demande alors à pouvoir Lui poser quelques questions :
– Dis-moi, Dieu, pour Toi, l'éternité, c'est quoi ?
– Pour Moi, l'éternité, c'est une seconde.
– Et mille milliards de dollars ?
– Pour Moi, c'est un dollar.
Le juif pose alors une dernière question :
– Est-ce que tu pourrais me donner un dollar ?
Et Dieu lui répond :

– Attends une seconde...

LA VÉRITÉ

Un pauvre juif trouve un jour dans son village une bourse contenant 500 roubles. La même semaine, il entend une annonce à la synagogue : le juif le plus riche du village a perdu sa bourse et est prêt à offrir 50 roubles de récompense à celui qui la lui rapportera. Le pauvre se rend immédiatement chez le propriétaire de la bourse et la lui remet. L'homme compte et lui dit :

– Je vois que tu t'es déjà payé.

– De quoi parlez-vous ? s'étonne le pauvre homme.

– Cette bourse contenait 550 roubles quand je l'ai perdue.

– Mais c'est faux ! proteste l'autre.

Les deux hommes discutent un moment, puis décident de porter l'affaire à la connaissance du rabbin. Chacun raconte son histoire, et le riche conclut :

– Bien sûr, rabbin, c'est moi que tu crois.

– Bien sûr, répond le rabbin.

Le riche triomphe et le pauvre est écœuré.

Le rabbin prend alors la bourse du riche et la donne au pauvre.

– Eh ! Que fais-tu ? s'enquit le riche.

– Tu es honnête, je l'ai bien vu, réplique le rabbin, et si tu dis avoir perdu une bourse de 550 roubles, c'est certainement vrai. Mais si l'homme qui a trouvé cette bourse était un voleur, il ne serait pas venu la rendre. Donc j'en conclus que cette bourse doit appartenir à quelqu'un d'autre. Si cette personne se fait connaître, elle récupérera sa bourse et son argent. Sinon, la bourse restera chez celui qui l'a trouvée.

– Et mon argent, alors ? s'inquiète le riche.

– Eh bien, il ne reste qu'à attendre que quelqu'un trouve une bourse contenant 550 roubles.

● ● ● ● ● ● ● ● ● ● ● ● ● ● ● ●

La vieille grand-mère juive s'est laissée convaincre, après moult palabres, d'accompagner sa famille aux courses à Longchamp. Elle finit par jouer, malgré son dégoût pour le risque, les jeux d'argent et les pertes d'un bien si difficilement gagné. Elle mise 50 francs sur un cheval et gagne ! Elle se dirige vers le guichet et empoche l'argent. Là, à ce moment, elle tend un doigt accusateur à l'employé des courses qui lui tend les billets :

– Et que cela vous serve de leçon !

LA VÉRITÉ

Cinq juifs ont changé la manière de voir le monde.

Moïse a dit :

Tout est loi.

Jésus a dit :

Tout est amour.

Marx a dit :

Tout est argent.

Einstein a dit :

Tout est relatif.

Et, enfin, Rockefeller a dit : Tout est à vendre.

J'TE LA RACONTE !

Au cours d'une conférence au sommet entre Netanyahou et Bill Clinton, ce dernier se dresse devant son interlocuteur israélien et lui demande en aparté :

– Pourquoi vous, les juifs, êtes-vous toujours au courant de tout avant tout le monde et réussissez-vous aussi bien en affaires ?

– Il n'y a pas de mystère : quand les juifs se rendent à la synagogue pour le shabbat, c'est pour prier, mais aussi pour se rencontrer et faire des affaires. Tout se passe à la synagogue, croyez-moi !

Clinton décide immédiatement de se rendre à la synagogue dès le shabbat suivant. Déguisé en juif, fausse barbe, chemise blanche, kippa et chapeau, il se rend le vendredi soir dans l'une des nombreuses synagogues de la capitale fédérale américaine.

Le silence qui y règne le surprend. Il s'attendait à un brouhaha comparable à celui de la Bourse, mais il patiente. Cependant durant l'office, cela ne s'anime pas pour autant. Alors Clinton se penche vers son voisin et lui chuchote :

– Quelles sont les dernières nouvelles ?

– Chhht ! Il paraît que Clinton va bientôt arriver !

LA VÉRITÉ

Le ministre de la Défense de l'Etat d'Israël discute avec le ministre des Finances.
– Tu sais, Moshé, la situation économique et politique du pays est très mauvaise.
– Je le sais. As-tu une idée ?
– J'ai une idée. J'ai trouvé un moyen extraordinaire.
– Oui ?
– On déclare la guerre aux Etats-Unis ! Ils nous battent évidemment à plate couture, ils occupent le pays, ils l'annexent, le colonisent. Tu sais comment ils colonisent : ils nous aideront pour reconstruire le pays, ils développeront les industries,

l'agriculture, les écoles, les routes, les hôpitaux, ils nous organiseront une armée ! N'est-ce pas une idée extraordinaire ?

– Très bien, mais tu as oublié quelque chose... Et si on gagne la guerre ?

● ● ● ● ● ● ● ● ● ● ● ● ● ● ● ●

Comment devenir millionnaire en Israël ?

– En y arrivant milliardaire.

LA VÉRITÉ

David, donc, va prier tous les samedis à la synagogue et dit :
– Mon Dieu, s'il te plaît, fais-moi gagner un million, s'il te plaît, je sais que c'est toi le vrai Dieu, alors fais-moi gagner un million et je donne la moitié à la synagogue.
Tous les jours, c'est la même chose, et il ne gagne jamais.
Dégoûté, il dit :
– Attention, mon Dieu,

si je ne gagne pas cette fois, je vais à l'Eglise !

Et comme il perd, il va prier à l'Eglise :
– Jésus, s'il te plaît, fais-moi gagner un million et je te jure que je donnerai la moitié.
Il joue le jour même et hop ! il gagne le million...
Alors il retourne à la synagogue et dit :
– Mon Dieu, il y a que toi qui sache que j'avais promis de donner la moitié...
Alors motus !

J'TE LA RACONTE !

Deux Arabes et deux juifs sont dans un train de banlieue, dans le même compartiment.
Les deux Arabes disent aux deux juifs :
– Hé vous savez, on est deux mais on paie seulement pour un!
Les deux juifs, très intéressés, leur demandent comment.
– Ben, quand le contrôleur arrive, tous les deux on va dans les toilettes et on lui passe un ticket par-dessous la porte.
Les deux juifs disent:
– Bravo, super-idée!
Le lendemain, pareil, les deux Arabes et les deux juifs sont dans le même wagon. Avant que le contrôleur n'arrive, les deux juifs frappent à la porte des w.-c. où les deux Arabes se sont enfermés, et l'un d'eux demande :

« Ticket S.V.P.! »

LA VÉRITÉ

David est dans une mauvaise passe niveau argent... Il ne voit pas d'autre solution que de gagner au Loto pour se sortir de là.
Il se rend à la synagogue et se met à

prier pour gagner.

Le jour du tirage, il attend, mais il ne gagne pas.
Il retourne à la synagogue et prie à nouveau en insistant sur le fait que, toute sa vie, il a respecté les principes religieux, les rituels, l'alimentation et même les dons pour les associations juives.
De nouveau il attend le tirage de la loterie, mais, là encore, rien ne se passe. Proche du désespoir, il va se remettre à prier lorsqu'une voix surgie de là-haut dans le ciel lui dit:
— D'accord, David, tu veux gagner au Loto, mais peut-être que tu pourrais m'aider un peu: Va déjà t'acheter un bulletin...

J'TE LA RACONTE !

C'est encore David, mais il est tout seul :

– S'il Te plaît, envoie-moi cinq millions, s'il Te plaît, cinq millions...

Silence.

– Bon d'accord, pas cinq millions mais, bon, 500 000 francs, ça me suffira. Allez, d'accord, 500 000 francs...

Re-silence.

– Bon, c'est un peu trop, d'accord, 50 000... C'est bon, 50 000 ?

– ...

– Bon, d'accord, alors 5 000, (*de plus en plus agacé*) c'est ridicule 5 000...

Toujours rien...

– Bon (*vraiment agacé*), alors au moins l'argent pour payer le taxi...?

Vraiment rien.

Alors, écœuré, Bruno s'en va et, en partant, il bute sur une pierre.

Alors il crie :

– Oh ça va, pousse pas !

LA VÉRITÉ

Une dame juive téléphone à son journal local et demande à parler au responsable de la rubrique nécrologie :

– J'aimerais passer une annonce.

– Je vous écoute, quel est le texte ?

– « Cohen mort. »

J'TE LA RACONTE !

– Et c'est tout ?

« Cohen mort » ?

– Oui, c'est tout.

– Mais vous avez droit

à cinq mots pour

votre annonce. C'est

compris dans le prix...

– D'accord. Alors met-

tez : « Cohen mort...

Mercedes à vendre. »

LA VÉRITÉ

Simon et David vont voir un rabbin.
Simon l'interroge :
— Monsieur le grand rabbin, est-ce
que le noir est une couleur ?
Le rabbin réfléchit puis répond :
— Oui, c'est une couleur, parce que
c'est la résultante de l'absence de
couleur !
Simon poursuit :
— Et, le blanc, monsieur le grand
rabbin, c'est une couleur ?
Le rabbin feuillette de nouveau sa
bible puis répond :
— Oui, Simon, le blanc est une
couleur : c'est un ajout continu de
couleur... Donc c'est une couleur !
Alors Simon s'adresse à David :
— Tu vois, je t'avais bien dit que je
t'avais vendu une

télé couleur !

J'TE LA RACONTE !

Simon est nouveau venu dans le Sentier. Il est tailleur. Lorsqu'il voit la concurrence, il comprend la difficulté de sa tâche. Alors il réagit et accroche un néon au-dessus de la vitrine: « Au meilleur tailleur de Paris ».
Deux jours plus tard, en face de son magasin, David a, lui aussi, accroché un néon : « Au meilleur tailleur de France ». Le lendemain, un autre néon apparaît : « Au meilleur tailleur de la Francophonie », puis « Au meilleur tailleur d'Europe » et enfin « Au meilleur tailleur du monde ». Alors Simon commande un autre néon et l'accroche, dans la nuit, à la place du premier :

« Au meilleur tailleur de la rue ! »

107

LA VÉRITÉ

Serge se plaint d'insomnie à ses potes de café. Simon le rassure :

— J'ai un bon truc pour toi, pour que tu dormes.

— C'est quoi... Dis toujours, cela ne sera jamais pire !

— Une fois couché, tu comptes les moutons... Tu verras, tu finiras par t'endormir.

Une semaine passe et Serge croise de nouveau son pote Simon :

— Alors, les insomnies ?

— J'ai compté les moutons comme tu l'as dit. Eh bien, ça marche pas sur moi !

— Comment ça, ça marche pas ! Explique.

— Parce qu'une fois arrivé à mille moutons, je me suis dit qu'il ne fallait pas laisser passer une aussi belle affaire. Alors j'ai tondu toute leur laine et j'en ai fait des pardessus ! Et maintenant je me dis que je ne vais pas avoir assez de tissu pour faire les doublures.

J'TE LA RACONTE !

Le Sentier est en pleine crise. Les affaires ne marchent pas du tout, le chômage guette. Hadida, Pariente et Bensimon, dont les magasins de prêt-à-porter sont contigus dans le Sentier, sont au désespoir.
Un jour, Pariente affiche sur sa vitrine :

Soldes à 30 % !

Puis Hadida affiche :

50 % de remise !

Alors Bensimon, qui a le magasin du milieu, affiche :

Entrée principale !

LA VÉRITÉ

Deux tailleurs du Sentier
se croisent dans la rue
et l'un demande à
l'autre :
– Dis-moi, tu peux me
prêter 2 000 balles ?
– Mais bien sûr, voilà !
Et il lui glisse un petit
paquet dans la main.
L'autre ouvre la main
et dit :
– Quoi ? Mais c'est un
préservatif !
– Et oui, comme ça, tu
**va en niquer
un autre !**

J'TE LA RACONTE !

Dans un restaurant de la rue des Rosiers, Schlomo et Mardochée s'attablent pour dîner.
Le serveur, chinois, s'approche pour prendre la commande et leur parle en

Yiddish.

Eberlués, ils appellent discrètement le patron:
– Qu'est-ce que c'est que ce Chinois qui connait le Yiddish, c'est incroyable ?
– Chut, parlez moins fort, je l'ai pris au pair, il croit qu'il

apprend l'anglais !

LA VÉRITÉ

Maurice rencontre Norbert dans la rue.

– Comment tu vas ?

– Ah, mal... si mal... La vie est très ingrate avec moi. Avril et mai ont été des catastrophes ; juin, un désastre, avec ces pluies ; juillet, pire, plus personne à Paris... Tu verrais le chiffre !

Pas une vente !

Rien...

Incroyable ! Horrible ! Je veux mourir.

– Oh, comme tu y vas ! Il y a pire comme problème, tu sais. Moi, ma femme m'a quitté, ma fille se drogue, mon frère a un cancer et mon fils, mon seul fils, celui qui devait reprendre le commerce, il est homosexuel. Tu te rends compte, homosexuel ! Il y a pire que ça ?

– Oui, le mois d'août !

J'TE LA RACONTE!

Un juif, vers huit heures du soir, ferme le rideau de sa boutique dans le Sentier, quand un client arrive :

– Ah, zut! **vous fermez?**

– Non, **j'ouvre,** dit le juif en relevant le rideau de fer.

● ● ● ● ● ● ● ● ● ● ● ● ● ● ● ●

Quel est le vin préféré dans le Sentier?

Le 20 %

LA VÉRITÉ

C'est un pathos, dans le Sentier, pour qui les affaires ne vont pas très fort. Il décide alors de demander conseil à son voisin, Robert, des magasins Pariente et Fils, une grosse affaire rue d'Aboukir.

– Robert, comment fais-tu pour réussir en affaires et pas moi. On vend la même marchandise, on est dans le même quartier et, moi, ça fait dix ans que je rame...

– Je peux pas dire...

– Comment tu peux pas dire... Pour moi, ton voisin depuis dix ans. Ton goy préféré! Allez, je t'en supplie!

– On a un secret.

– Lequel?

– Je peux pas te dire... Sur la Torah, ils me tuent s'ils apprennent que j'ai donné le secret à un goy!

– Je te l'achète!

– Tu deviens raisonnable, Raymond. Mais quand même, c'est très cher.

J'TE LA RACONTE !

– Je te donne 30 bâtons !

– Aïe... Ça me déchire le cœur de te le dire, de briser un secret ancestral... En liquide, les 30 bâtons ?

– En liquide !

– Tu paies d'abord...

– Je paie d'abord !

Alors Raymond tend des liasses de billets et s'impatiente :

– Alors, alors, alors... le secret des affaires... Je suis content, ça va marcher pour moi à mon tour...

Alors, vite, le secret !

– Eh bien, nous les juifs, pour réussir en affaires, eh bien tous les matins, on mange des harengs.

Alors Raymond, furieux, hurle :

– Quoi, tu m'as pris 30 bâtons pour ça !

– C'est bien, tu vois, tu commences à comprendre !

LA VÉRITÉ

Un inspecteur d'académie fait une inspection dans une école juive.
– Je vais poser quelques questions à vos élèves.
Il interroge le petit Benjamin :

– Qui a cassé le vase de Soissons ?

– J'vous jure, M'sieur, c'est pas moi, j'l'ai pas cassé !!
L'inspecteur se tourne vers le professeur :
– Vous avez entendu, je lui demande qui a cassé le vase de Soissons, et il me répond que ce n'est pas lui !
Et le professeur :
– Je vous assure, Monsieur l'inspecteur, ce petit, je connais sa famille, s'il vous dit qu'il n'a pas cassé le vase, c'est que ce n'est pas lui !!

J'TE LA RACONTE !

Excédé, l'inspecteur demande à voir le directeur de l'école.

– Monsieur, c'est incroyable, je demande à un élève qui a cassé le vase de Soissons, il me répond que ce n'est pas lui. Je demande une explication au professeur, qui m'assure que ce n'est pas le petit Benjamin qui a cassé le vase de Soissons !!!

Vous vous rendez compte !!

Et le directeur :

– Bon, on va s'arranger, combien il coûte ce vase ??

117

LA VÉRITÉ

A Juan-les-Pins, la

PORSCHE de Simon

emboutit la

FERRARI de David.

– C'est pas possible, ça, ma Porsche, tu te rends compte, elle m'a coûtée

une semaine de salaire!!!

– Et moi, alors, ma Ferrari, elle est foutue!

J'ai travaillé **un mois entier** pour me la payer!

Pendant la discussion, arrive Jean-Marie, en **DEUX-CHEVAUX**, qui leur rentre dedans. Il sort en larmes de sa voiture accidentée:

– Mon Dieu, ma deux-chevaux,

toute une vie de salaire !!

– David! Regarde! J'ai jamais vu une voiture aussi chère!!!

118

J'TE LA RACONTE !

Un type rentre dans un bar du
Sentier :
– Allez, tournée générale, pour tout
le monde, même pour le patron !
Première tournée...
Deuxième tournée...
Troisième tournée...
Alors, le patron, méfiant, lui demande
de payer.
Le type répond :
– Le problème, là, c'est que j'ai pas
d'argent.
– Quoi, pas d'argent ?!
Le patron l'attrape et le fracasse
contre le bar.
L'autre se relève à moitié mort et dit :

– Allez, tournée générale !

Puis il regarde le patron et ajoute :
– Mais pas pour toi, parce que toi,
quand tu bois, tu deviens violent !

119

LA VÉRITÉ

A l'approche de l'hiver, deux mouches décident de se quitter pour trouver un gîte pour l'hiver. Elles se donnent rendez-vous au printemps. La première se met en quête d'une étable chauffée dans les environs et passe l'hiver dans le coin d'une poutre.

Le printemps arrivant, elle sort de son trou et volette galement jusqu'au point de rendez-vous où elle doit retrouver sa compagne.

Le printemps passe, toujours personne.

- Bah ! elle est un peu frileuse et attend l'été, se dit-elle.

L'été passe, toujours personne.

- Bah ! elle a un peu de retard, elle a du folâtrer dans les environs, se dit-elle.

L'automne passe, il commence à faire froid. Alors la première mouche se dit que l'autre est morte ou a été mangée, et elle se prépare à retourner dans sa cachette pour l'hiver.

C'est alors qu'elle voit arriver l'autre mouche, les ailes froissées, volant difficilement, haletant, qui tant bien que mal finit par se poser à côté d'elle et s'écroule.

- Eh, ça va pas ? Qu'est-ce qui t'arrive ?

- Aaaaaahhhhh ! c'est horrible, voilà, j'ai passé l'hiver à Jérusalem, dans le porte-monnaie d'un vieux yéménite, et il vient juste de le rouvrir !

J'TE LA RACONTE !

Un goy arrive au bar du Normandy et demande :
– Un gin, s'il vous plaît.
Tous les clients du bar se retournent :

– Quelle taille ?

LA VÉRITÉ

Le baron de Rothschild arrive à Vierzon. Il commande, dans un bar, deux œufs à la coque.
La note arrive :
2 000 francs !
Le baron, époustouflé, demande :
– Les œufs sont rares dans la région ?
– Les œufs, non ! Les Rothschild, oui !

LA
RELIGION

LA
RELIGION

LA VÉRITÉ

Homme juif divorcé cherche partenaire pour dîners intimes kasher, pour allumer les bougies de Hanouka, pour aller aux bar-mitsva...

Religion pas importante.

LA VÉRITÉ

Dans un hôtel à Miami :
– Vous n'avez pas de chambre ?
– Non.
– Là, un client s'en va... Il y a donc une chambre de disponible.
– Non.
– Et pourquoi ?
– On n'accepte pas les juifs.
– Mais je ne suis pas juif !
– Si.
– Et comment savez-vous ?
– Je sais.
– Non, je vous assure !
– Alors : Est-ce que Dieu a eu un fils ?
– Oui.
– Il s'appelait ?
– Jésus.
– Il est né où ?
– A Bethléem, dans une étable.
– Et pourquoi là ?
– Parce qu'un pathos comme toi n'a pas voulu louer une chambre en ville ses parents !

J'TE LA RACONTE !

Un vieux juif entre dans une église et se dirige vers le prêtre.

– Mon père, j'ai quatre-vingt-treize ans et ma femme, quatre-vingt-sept. Eh bien, la semaine dernière, j'ai eu une liaison avec un jeune mannequin brésilien...

– Mon fils, il faut passer à la confession...

– Et pourquoi donc un juif passerait à la confession ?

– Ben... alors pourquoi êtes-vous venu me voir ?

– Ahhhh, je le dis à tout le monde.

LA VÉRITÉ

Un père juif
dont le fils s'est
converti au
catholicisme,
arrive, après sa
mort, au Paradis.
Dieu l'interpelle :
– Elie, comment !
tu as permis
que ton fils se
convertisse ?
– Et toi !

J'TE LA RACONTE !

A Moscou, pendant les grandes pénuries. Une grande queue devant la boucherie... Les gens attendent depuis des heures. Soudain, le boucher prend la parole :

– Y'a moins de viande que prévu, les juifs doivent s'en aller.

Deux heures plus tard, rebelote :

– Y'a encore moins de viande, les ennemis du Parti doivent circuler...

Encore deux heures plus tard :

– Circulez, y'a pas de viande du tout !

Alors, un râle général s'élève de l'assemblée :

– C'est toujours les juifs qui s'en tirent le mieux.

LA VÉRITÉ

Un juif vient de mourir, il arrive au Paradis et découvre son rabbin. Il se précipite vers lui. Et là, stupeur, il le voit allongé au bord de la piscine, une belle créature à ses pieds.
– Mais... rabbin... C'est votre idée du Paradis ?
– Non, mais c'est son idée à elle de l'Enfer !

• • • • • • • • • • • • • • • •

Un vieux juif est en train de mourir. Il fait demander un prêtre...
– Père, je veux me convertir...
– Mais pourquoi ?
– Vaut mieux que ce soit un des vôtres qui meure qu'un des nôtres !

C'est Mme Cohen qui a très froid et qui appelle son médecin :

– Docteur Lévy, comment je fais, j'ai froid?

– Madame Cohen, vous prenez votre manteau en renard et vous vous le mettez sur la tête...

Mais Mme Cohen continue à avoir froid.

– Docteur, docteur, j'ai froid...

– Madame Cohen, prenez votre blouson en astrakan et mettez-le sur votre bras gauche...

Mais la sensation de froid persiste.

– Docteur, docteur, comment je peux faire?

– Madame Cohen, prenez votre manteau en vison et mettez-le sur votre bras droit.

Dix minutes plus tard, nouveau coup de fil.

– Docteur, docteur!

– Prenez votre manteau en zibeline et couvrez vos pieds.

Et là, miracle, une sensation de chaleur envahit Mme Cohen qui, satisfaite du résultat, décide de remercier son médecin.

– Docteur, docteur,

comment ils font les goys?

LA VÉRITÉ

Un vaisseau spatial débarque sur Terre. De son bord descend un extraterrestre qui entame la conversation avec un Terrien qui passait par là :

– Bonjour, amis humains. Nous sommes venus en amis, pour découvrir votre planète. Nos intentions sont pacifiques.

– Bienvenue sur Terre, amis extraterrestres, je suis rudement content de vous voir et que ce soit tombé sur moi de vous accueillir... Les gens ne vont pas y croire, vous êtes si étranges... Tout le monde, chez vous, possède ces deux nez au milieu de la figure ?

– Absolument, ami Terrien, nous avons un sens olfactif particuliè-

J'TE LA RACONTE !

rement développé grâce à ça.

– Ouah, super !!! Et alors, pourquoi trois mains avec sept
doigts à chaque main ?

– Parce qu'ainsi nous sommes
plus adroits et plus habiles.
Nous pouvons effectuer plusieurs
choses en même temps et beaucoup plus rapidement que vous.

– Oui, mais, chez vous, l'or doit
être vachement facile à trouver :
vous avez une grosse chevalière
en or à chaque doigt. Ou alors
vous devez être quelqu'un d'important chez vous. Tout le
monde possède autant de bijoux
sur lui ?

– Non, ami Terrien,

seulement les juifs...

LA VÉRITÉ

Deux mendiants juifs font la quête à la sortie d'une église.

Le curé s'approche d'eux:

– Mes pauvres amis, vous vous trompez, il faut aller faire la quête à la sortie d'une synagogue, ici, on va rien vous donner.

Un des mendiants regarde l'autre et lui dit:

– Qu'est-ce qu'il croit? Qu'il va nous apprendre

à faire des affaires!!

J'TE LA RACONTE !

Scène dans un club de
tennis à Deauville.
Trois joueurs cherchent un
quatrième... Ils trouvent et
se présentent :
– Moi, c'est
BENSOUSSAN.
Lui, c'est **LÉVY.**

Et lui, **BOUTBOUL.**

Et toi ?
– Moi aussi, c'est
Cohen !

LA VÉRITÉ

C'est David et Moïse qui discutent. Moïse dit :

– Tu connais mon fils Simon ?

– Bien sûr, j'connais ton fils Simon, il joue avec mon gosse tous les jours dans la cour.

– Eh ben, c'est bizarre, je l'ai envoyé en Israël pour qu'il devienne plus religieux et il est revenu catholique.

– Ah, ben tiens, ça c'est vraiment bizarre... Tu connais mon fils Raphaël ?

– Bien sûr, je le connais, il mange chez nous le couscous le samedi midi...

– Eh ben, moi aussi, je l'ai envoyé en Israël, et ben il est aussi revenu catholique...

– Viens, on va voir le rabbin, parce que c'est trop bizarre...

Ils vont voir le rabbin et lui

racontent l'histoire. Le rabbin s'étonne :

– Mais c'est dingue, ça... Vous connaissez mon fils Benjamin ?

– Bien sûr, on était à sa bar-mitsva...

– Eh ben, moi aussi, je l'ai envoyé en Israël, et il est revenu catholique...

– C'est dingue, ça !!! Ecoutez, rabbi, appelez le bon Dieu et demandez-lui ce qu'il en pense. Alors le rabbin l'appelle, lui raconte. Et Dieu répond :

– Tiens, c'est marrant, ce que tu me racontes là...

Tu connais mon fils ?...

LA VÉRITÉ

Trois juifs d'origine différente se disputent pour savoir lequel de leurs rabbins est le plus illustre.

– Le mien, dit le premier, s'est rendu à Paris. Le président de la République l'a reçu à l'Elysée, puis un dîner a été organisé pour son départ au château de Versailles !

– Eh bien ! Le mien de rabbin, il est allé à Washington, Clinton l'a

J'TE LA RACONTE !

herbégé pendant une semaine à la Maison-Blanche. Et il est passé en direct sur C.N.N. Pendant une heure !

– Le mien de rabbin, il est allé au Vatican et le pape lui a proposé un tour en Papamobile. Eh bien, quand ils sont passés par les rues de Rome, une passante a demandé à une autre :

– C'est qui le goy en blanc à côté du rabbin Rosenbaum !

LA VÉRITÉ

C'est le jeune Isaac qui va trouver son patron et qui lui dit :

— Je ne peux plus travailler chez vous. Tous vos employés sont antisémites !

— Quoi ?! Qu'est-ce que vous racontez-la ?! Qu'il y en ait un ou deux, je veux bien, mais pas tous !

— Si, je vous dis qu'ils sont tous antisémites !!! D'ailleurs, j'ai fait un test... Je leur ai tous posé la même question, et ils ont tous fait la même réponse ! Ils sont tous antisémites, j'vous dit !

— Mais c'est quoi cette question ?

— Je leur ai demandé ce qu'ils penseraient si on exterminait tous les juifs et tous les coiffeurs...

— Les coiffeurs !?! Pourquoi les coiffeurs ???

— Ben, vous voyez, vous aussi !

J'TE LA RACONTE !

Un juif se promène au bord d'une falaise et tombe. Il réussit à s'accrocher à une branche mais ne peut remonter.
Du coup le type crie:
– A L'AIDE !
IL Y A QUELQU'UN ?
Alors le ciel se déchire, une immense lumière inonde la Terre et une voix très puissante fait :
– Tu m'entends ? C'est Dieu qui te parle ! N'aie pas peur ! Lâche cette branche, laisse-toi tomber, et tu monteras avec moi au Paradis !
Alors le type crie :

– Y' A PAS QUELQU'UN D'AUTRE ???

LA VÉRITÉ

Le *shamash* (le bedeau) de la synagogue n'en peut plus : le mariage est terminé depuis plus de deux heures et les invités sont toujours là, bavardant, ne se décidant pas à partir. En désespoir de cause, il en touche deux mots au rabbin :

- Que faire ? ils ne veulent pas partir !
- Criez Au feu !
- Je l'ai fait, mais ils ne sont pas partis !
- Criez Au voleur !
- Pareil, ça n'a pas marché.
- Alors,

faites la quête !

J'TE LA RACONTE !

David contemple la vitrine d'un
traiteur, et particulièrement le
rayon charcuterie :

jambon, pâtés et autres saucissons.

Il est sur le point d'entrer
quand retentit un terrible coup
de tonnerre.
David s'éloigne en courant et,
s'adressant au Ciel, lance :
– Ben quoi, on ne peut plus se
renseigner ?

LA VÉRITÉ

Au cours d'un banquet, un prêtre se penche vers son voisin rabbin et lui demande :
– Quand allez-vous abandonner votre coutume de ne pas manger de porc ?
– A votre mariage !

● ● ● ● ● ● ● ● ● ● ● ● ● ● ● ● ● ●

Un vieux juif meurt et va au Paradis. Il rencontre Dieu à son arrivée et lui fait le bilan de sa vie :
– Le pis qui me soit arrivé, c'est la conversion au catholicisme de mon fils...
– Moi aussi, répond Dieu.
– Et qu'est-ce que vous avez fait ? questionne le vieux juif.

– Un Nouveau Testament !

Maurice Pariente part en vacances en Afrique, où il est fait prisonnier par des cannibales. Il se retrouve déjà dans la marmite, lorsqu'un cannibale s'adresse à lui, en français :

– **Séfarade ou ashkénaze ?**

– Oh ! mon Dieu, vous êtes de chez moi... J'ai eu chaud. Ouf ! Vous allez me libérer...
– Non, c'est pour marquer sur le menu !

LA VÉRITÉ

Un rabbin et un prêtre

discutent sur les mérites de leurs religions respectives.

Le curé :

– Dans la religion catholique, tout est possible. Vous commencez enfant de chœur et, si vous faites de longues études, vous êtes ordonné prêtre.

Le rabbin n'est guère impressionné :

– Et alors ?

– Après, si vous en avez la capacité, vous devenez évêque !

– Et alors, qu'est-ce qu'il y a de si extraordinaire à cela ?

– D'évêque, vous pouvez devenir archevêque !

– Bon, et après...

– Cardinal....

– Y'a franchement pas de quoi en faire un monde... Et après? rétorque le rabbin.

– Pape... C'est pas inouï ça, la plus haute fonction de l'Eglise en partant d'enfant de chœur !

– Bof...

Le prêtre s'emballe, perd tout contrôle et lance :

– Quoi, qu'est-ce que vous voulez de plus... vous n'allez pas devenir Jésus-Christ !!!!!

– Et pourquoi pas, l'un des nôtres y est bien arrivé !

— J'TE LA RACONTE ! —

POUR LES CATHOLIQUES,
le fœtus est considéré comme un être humain dès sa conception.

POUR LES JUIFS,
un fœtus reste un fœtus jusqu'à ce qu'il ait obtenu son diplôme de médecin.

LA VÉRITÉ

Un prêtre et un rabbin sont amis. Lors d'une discussion, le rabbin s'interroge sur la confession. Alors le prêtre lui propose d'assister à une confession. Aussitôt dit, aussitôt fait. Les deux hommes de foi se retrouvent dans le confessionnal, le rabbin est très attentif... La première confession commence :
— Pardonnez-moi, mon père, je viens vous voir parce que j'ai péché.
— Qu'avez-vous fait, ma fille?
— J'ai trompé mon mari, mon père...
— Combien de fois avez-vous trompé votre mari, ma fille?
— Trois fois, mon père.
Alors le curé lui dit :
— Dites cinq Pater et mettez 100 francs dans le tronc.
Une autre femme arrive pour se confesser.
— Pardonnez-moi, mon père, je viens vous voir parce que j'ai péché.
— Qu'avez-vous fait, ma fille?
— J'ai trompé mon mari, mon père...

J'TE LA RACONTE!

– Combien de fois avez-vous trompé votre mari, ma fille?

– Trois fois, mon père.

Alors, le curé lui dit :

– Dites cinq Pater et mettez 100 francs dans le tronc.

Pour que le rabbin comprenne bien les mécanismes de la confession, le prêtre propose à son ami de prendre sa place. Celui-ci hésite, mais finalement se laisse tenter.

Une autre femme encore arrive pour se confesser.

– Pardonnez-moi, mon père, je viens vous voir parce que j'ai péché.

– Qu'avez-vous fait ma fille?

– J'ai trompé mon mari, mon père...

– Combien de fois avez-vous trompé votre mari, ma fille?

– Deux fois, mon père.

Alors le rabbin lui dit :

– Alors dépêchez-vous, trompez-le une fois de plus : car, aujourd'hui, c'est

trois pour 100 francs!

LA VÉRITÉ

Un rabbin et un curé voyagent dans le même compartiment de train. Le curé demande au rabbin :

– C'est vrai qu'il vous est interdit de manger du porc ?

– Oui.

– Et vous n'en avez jamais mangé ?

– A vrai dire –juste entre nous– une fois, quand j'étais bien jeune, la curiosité m'a tellement poussé... Enfin, j'ai essayé un sandwich au jambon. Depuis, je l'ai toujours regretté, et j'espère que Dieu me le pardonnera.

Au bout d'un moment, le rabbin continue...

– Et vous, est-il vrai que tout rapport physique avec une femme vous est interdit ?

– Oui, effectivement, cela nous est interdit.

– Et vous n'avez jamais essayé ?

– Pour être honnête, comme vous, la curiosité m'y a bien poussé. Une fois, étant tout jeune, je suis allé dans un bordel. Mais j'ai bien servi Dieu depuis, et je suis sûr qu'il me pardonnera ce petit écart.

Et, avec un petit rire, le rabbin lui répond :

– C'est autre chose que du porc, hein ?

J'TE LA RACONTE !

Trois scientifiques ont été irradiés dans la centrale nucléaire pour laquelle ils travaillent. Ils sont condammés, plus que quelques mois à vivre.
La direction est aux petits soins avec eux et demande leur dernière volonté.

Le Français demande
à dîner avec
Naomi Campbell,

l'Anglais,
à rencontrer
la reine,

le juif,
à voir un autre
médecin !

LA VÉRITÉ

Un rabbin surprend sa femme couchée avec un autre homme.
– Léa, ce n'est pas bien, on commence comme ça et on finit par fumer le jour du shabbat.

J'TE LA RACONTE !

Un prêtre, un pasteur et un rabbin discutent pour savoir lequel consacre le plus d'argent à l'adoration de Dieu.

— Moi, dit le prêtre, c'est facile. Je trace une ligne par terre et je me place dans son prolongement. Puis je prends tout ce que le denier du culte m'a rapporté et je le lance en l'air. Ce qui tombe à droite de la ligne est pour moi, ce qui est à gauche sera consacré à Dieu.

— Ma méthode, rétorque le pasteur, est presque semblable à la vôtre. Je me place au centre d'un cercle tracé par terre et j'envoie tout en l'air. Ce qui reste dans le cercle est à moi, en dehors, c'est pour Dieu.

— Vous n'êtes pas très généreux, dit le rabbin. Incontestablement, je consacre plus d'argent que vous à adorer Dieu. Moi, j'envoie tout en l'air : ce que Dieu veut, il le prend ; ce qui retombe est à moi !

LA VÉRITÉ

Un prêtre dit à son copain rabbin :
— J'ai un truc pour manger gratuit.
— Super ! Dis-moi comment tu fais.
— Je vais au restaurant assez tard, je commande entrée, plat de résistance, fromage, dessert ; ensuite je prends mon temps avec un café, un cognac et un bon cigare, et j'attends la fermeture.
Comme je ne bouge pas, quand presque toutes les chaises sont déjà sur les tables, le garçon vient vers moi pour me demander s'il peut encaisser ; alors je lui réponds : Mais j'ai déjà payé à votre collègue qui est parti ! Et le tour est joué !
Le rabbin :
— Génial ! On essaie demain ?
— O.K.
Le lendemain, les deux compères vont au restaurant : entrée, plat de résistance, fromage, etc.
Le moment de la fermeture arrive, le garçon demande s'il peut encaisser, le prêtre lui répond :
— Désolé, mais on a déjà payé l'addition à votre collègue qui est parti...
Et le rabbin ajoute :
— Et puis d'ailleurs j'aimerais bien qu'on nous rende la monnaie !!!

J'TE LA RACONTE !

Un goy demande à un rabbin :
– Pourquoi les juifs répondent-ils toujours par une question ?
– Et pourquoi pas ?

LA VÉRITÉ

Un rabbin se promène avec un enfant à la campagne. Il lui fait admirer partout la puissance et la bonté de Dieu. Tout à coup, il reçoit une crotte d'oiseau sur son chapeau.
– Oh, rabbi, regardez : un oiseau a sali votre chapeau... C'est pas sympa de la part de la nature !...
– Ce n'est rien mon fils, remercions plutôt le Seigneur de n'avoir pas donné d'ailes aux vaches !

● ● ● ● ● ● ● ● ● ● ● ● ● ● ● ●

Un rabbin parle avec un enfant :
– Chaque animal joue son rôle pour l'homme. Ainsi, le cheval tire la charrette, le chat mange les souris, la poule donne des œufs... Dis-moi David, à quoi sert le mouton ?
– Il donne de la laine.
– Bravo. Et à quoi sert la laine ?
– Est-ce que je sais, moi ?!!!!
– Idiot, et ton pantalon il est fait avec quoi ?
– Avec un vieux pantalon de mon père !

J'TE LA RACONTE !

Deux rabbins sont très amis et partagent une passion commune : le football. Un jour, ils prêtent serment l'un à l'autre : le premier qui mourra devra apparaître au survivant pour lui révéler si l'on joue au foot dans le monde futur. L'un des deux meurt, il tient sa promesse de se manifester en rêve à son ami.

– Alors, quelles nouvelles de là-haut ?

– J'ai deux nouvelles pour toi, une bonne et une mauvaise. La bonne, c'est qu'on joue au foot ici, il y a des super-terrains. La mauvaise, c'est que tu joues

la semaine prochaine !

LA VÉRITÉ

Un grand rabbin très respecté sur Terre, monte au Paradis après sa mort. Il s'attend à un accueil hors du commun, mais que nenni ! Personne pour le recevoir à l'entrée du Paradis, pas de protocole non plus, ni de limousine spatiale... Et aucun émissaire de Dieu pour le recevoir. Il s'adresse alors au comptoir des formalités d'usage, où on lui indique sa nouvelle habitation, un vulgaire petit deux pièces dans la périphérie du Paradis. Au guichet d'à côté, il voit que l'on remet les clefs d'une magnifique villa sur trois niveaux, avec piscine, à un honnête homme. Il se retourne... Il s'attend à quelqu'un de très important dans la communauté juive, lorsqu'il voit

J'TE LA RACONTE !

Simon Cohen... le chauffeur de bus du quartier !
Le rabbin s'emporte.
– Je ne comprends pas, je suis rabbin, et en échange de tous les services que j'ai rendus, je n'ai obtenu qu'un taudis...
Tandis que Simon, un simple chauffeur de bus, lui, il a la villa, la piscine... C'est incroyable !
– Oui, mais toi, en bas, sur Terre, quand tu faisais la prière, tout le monde dormait à la synagogue, tandis que lui, quand il était au volant du bus,

tous priaient !!!

LA VÉRITÉ

Serge et Simon sont fâchés depuis dix ans.
A l'issue de Kippour, ils décident de se réconcilier. Serge tend donc la main à Simon :
– Il est d'usage de se souhaiter de bons vœux à la sortie de Kippour.
– Eh bien ! je te souhaite tout ce que tu me souhaites.
– **Tu vois, tu recommences !**

J'TE LA RACONTE!

Dans un wagon de chemin de fer arrive un jeune juif tout de noir vêtu.

Il s'assied à côté d'un homme qui, indéniablement, est juif également.

Le jeune:

– Monsieur, auriez-vous l'heure s'il vous plaît?

L'autre, imperturbable, continue de lire la Torah.

Un long moment passe.

Le jeune:

– Excusez-moi, monsieur, pourriez-vous me donner l'heure?

Le vieux ne bouge pas, ne répond rien.

Le temps passe, et le train arrive enfin au terminus.

– Il est 17h30, dit le vieux.

– Mais pourquoi vous me le dites maintenant, nous sommes arrivés, je n'ai plus besoin de savoir l'heure.

Le vieux:

– Si tout à l'heure je t'avais donné l'heure, nous aurions lié connaissance, on aurait parlé. J'aurais appris que tu connaissais Untel, on aurait sympathisé, tu serais venu chez moi, tu aurais rencontré ma fille. Comme elle est belle, ma fille, tu serais tombé amoureux, tu aurais voulu l'épouser... Si tu t'imagines que je vais donner ma fille à un garçon qui n'a même pas de quoi s'offrir une montre!!!

LA VÉRITÉ

Laurent, un jeune goy, vient voir le rabbin pour entamer le processus de conversion. Celui-ci se renseigne un peu sur le candidat, et lui demande de décliner ses qualifications.
– Je suis docteur en philosophie, mon sujet de thèse a porté sur la logique.
– Je vais vous tester pour voir si vous avez l'esprit adéquat pour l'étude juive. Je vais vous poser des questions de logique, puisque c'est votre spécialité.
Laurent est prêt.
Le rabbin montre deux doigts :
– Deux hommes descendent par une cheminée : l'un est propre, l'autre est sale. Qui va se laver ?
– C'est ça, le test de logique ?
Laurent a envie de rire.
– Tout à fait, répond le rabbin imperturbable.
– Oh ! C'est celui qui est sale qui va se laver.
– Faux. C'est celui qui est propre qui va se laver. C'est de la logique simple :
Celui qui est sale voit celui qui est propre et pense qu'il est propre lui aussi, il ne va donc pas se laver. Celui qui est propre voit celui qui est sale et pense qu'il est sale lui aussi, c'est donc celui qui est propre qui va se laver.
– Très clair, conclut Laurent, passons au test suivant.

Le rabbin montre à nouveau deux doigts :
— Deux hommes descendent par une cheminée : l'un est propre, l'autre est sale. Qui va se laver ?
— Vous m'avez déjà donné la réponse tout à l'heure : c'est celui qui est propre qui va se laver.
— Faux. Tous les deux se lavent : c'est logique, celui qui est propre voit celui qui est sale et pense que lui aussi est sale, il va donc se laver. Mais celui qui est sorti sale voit celui qui est sorti propre se laver et va lui aussi se laver. Donc tous les deux se lavent.
— Je n'ai pas réfléchi comme ça, dit Laurent. Donnez-moi un autre test, maintenant j'ai bien compris la méthode.
Le rabbin montre ses deux doigts :
— Deux hommes descendent par une cheminée : l'un est propre, l'autre est sale. Qui va se laver ?
— Tous les deux, nous venons d'arriver à cette conclusion !
— Faux ! Aucun des deux ne se lave : c'est logique. Celui qui est sale voit celui qui est propre et pense qu'il est propre lui aussi et donc ne se lave pas. Celui qui est propre voit que celui qui est sale ne se lave pas, et donc

LA VÉRITÉ

Il ne se lave pas non plus. Donc aucun des deux ne se lave.
 Laurent est découragé.
– Je suis sûr d'avoir compris, pourtant. Faites-moi passer un dernier test.
Le rabbin lève les deux doigts fatidiques :
– Deux hommes descendent par une cheminée : l'un est propre, l'autre est sale. Qui va se laver ?
– Aucun des deux ne se lave, répond Laurent d'une voix à peine audible.
– Faux. Comment est-il possible que deux personnes qui passent par la même cheminée puissent sortir l'une propre et l'autre sale ? Celui qui ne comprend pas cela immédiatement n'a pas l'esprit adapté à l'enseignement juif.

J'TE LA RACONTE !

MC Sarlo, disc-jockey au Chunga de Bezons, débarque à Paris pour voir son copain David. David habite dans le Sentier. Les rues sont étrangement calmes et désertes. Arrivé devant le domicile de David, MC hurle :

– Hé ! David !

Derrière une fenêtre, une voix :

– Chhhht !

– David !!!

Une fenêtre s'ouvre, c'est le père de David :

– Tu veux bien te taire, c'est Kippour !

– C'est pour Oim !

LA VÉRITÉ

Un juif et un Chinois sont tranquillement accoudés au comptoir d'un café du Sentier. Les deux travaillent dans la confection. Soudain, le juif passe derrière le Chinois et lui met un coup sur la nuque, derrière la tête.

– Ça, c'est pour l'attaque de Pearl Harbor.

Et le Chinois de s'étonner :

– Mais Pearl Harbor, c'est les Japonais !?

Le juif réplique :

J'TE LA RACONTE!

– Chinois, Japonais, c'est la même chose, vous êtes tous des citrons!... Et il retourne s'accouder au comptoir.

A son tour, le Chinois passe derrière le juif et lui met une grande claque sur la nuque.

– Ça, c'est pour avoir coulé le *Titanic*.

Et le juif de protester: Mais le *Titanic* c'est un iceberg qui l'a coulé!?

Le Chinois rétorque:

– Iceberg, Goldberg, c'est la même chose...

LA VÉRITÉ

'Egypte et Israël ne veulent plus faire la guerre et décident de la remplacer par des combats de chien.

Chaque pays entraînera le chien le plus hargneux possible, et celui qui gagnera fera gagner son pays. Dans chaque pays, on cherche le chien le plus gros possible et le jour du combat arrive.

La rencontre a lieu dans le désert.

D'un côté, il y a tous les Egyptiens, de l'autre, les Israéliens.

Les Egyptiens ouvrent une caisse et sort **un molosse baveux, monstrueux.**

– Faites sortir le chien israélien !

Et là, sort **un tout petit chien rikiki,** tout chétif, du genre teckel.

Le ministre de la Défense israélien, furieux et décomposé, n'en revient pas.

J'TE LA RACONTE !

Israël est sûr de perdre.

Le chien égyptien se rue sur le petit roquet. La bataille se déroule dans un nuage de poussière.

A l'issue du combat, il ne reste plus que le petit chien israélien qui a bouffé l'énorme chien égyptien.

Les Israéliens ont gagné la guerre.

Le ministre de la Défense se tourne vers les entraîneurs :

– Vous m'avez fait peur, ça a du être difficile d'entraîner ce petit chien.

– Le plus difficile, ça a été la chirurgie esthétique du

crocodile !!

LA VÉRITÉ

Un homme marche dans la rue quand, subitement, un autre l'accoste.
– Eh, Benichou, qu'est-ce qui t'est arrivé? t'as trop changé!
– Pardon, vous...
– Ah, c'est pas croyable, tu n'es plus le même! Tu étais si petit... Et maintenant tu as tellement grandi!

J'TE LA RACONTE !

– Mais, att...

– Et ta ligne, tu as tellement maigri...
Tu n'as plus ton gros ventre qui te faisait ressembler à une bouteille d'eau gazeuse !

– Mais, s'il vous plaît...

– Tu as tellement changé, Benichou !

– JE NE M'APPELLE PAS BENICHOU !!!

– Quoi, tu as changé ton nom aussi !?

LA VÉRITÉ

Deux hommes sont côte à côte
dans les pissotières d'un café,
rue d'Aboukir. L'un s'adresse à
l'autre :
– Vous êtes tunisien ?
– Oui, répond l'autre, étonné.
– Vous venez de La Goulette ?
– Oui... oui... c'est ça !
– A côté du Café Vert, non ?
– Oui, de plus en plus étonné.
– Vous connaissez le rabbin
Krieff ?
– Oui... mais comment savez-
vous ?
– Parce que, lorsqu'il circoncit,
le rabbin Krieff taille en biseau,
et vous, ça fait une minute que
vous me pissez sur les pieds !

J'TE LA RACONTE !

Qu'est-ce qui prouve que
Jésus était **juif ?**

1. Il a habité chez sa mère jusqu'à 30 ans.

2. Il croyait que sa mère était vierge.

3. Sa mère le prenait pour un Dieu.

4. Avec l'entreprise de charpentier de son père, il a fait une multinationale qui marche encore 2000 ans plus tard !

LE
LEXIQUE

LE
LEXIQUE

LA VÉRITÉ

Ay'Hima littéralement : ma mère ; plus généralement : *un soupir.*

Ashkénaze
Juif d'Europe de l'est

Bjeubj seins.
Commun : « Elle a des putains de bjeubj ! »

Bouclard boutique.

Cachère, kasher
conforme aux règles alimentaires du judaïsme.
Par extension : « Il est cachère », c'est-à-dire, « clean », de confiance.

CHAMPION DU MONDE le meilleur, sacré compliment.
Etant entendu que le monde s'arrête rue Réaumur.

177

LA VÉRITÉ

Chkoun ada ?

qui c'est celui-là ?

Cinq chiffre contre le mauvais œil. Exemple :
« Combien avez-vous d'enfants ?
– Cinq et la petite dernière... »

Comment il était, comment il est devenu

has-been.

Dafina, t'fina

sorte de cassoulet d'Afrique du Nord.

Selon les régions, à base de haricots blancs

ou de pois chiches.

Comme pour le couscous,

la meilleure est celle de sa grand-mère.

— J'TE LA RACONTE ! —

Darka joie, plaisir.

Dérouiller vendre.

Goy, pathos, français frankaoui.

Imezrat Achem avec l'aide de Dieu.

Haïch, meskine, haïeb le malheureux.

Ketouba contrat de mariage.

LA VÉRITÉ

Kiffer prendre beaucoup de plaisir.

KIPPOUR
jour du Grand Pardon,
la plus solennelle et
la plus importante des fêtes juives.

Laïsta, Hazve Shalom!
Dieu préserve!

Larmela dialé
champion du monde de l'affectueux,
expression préférée des grand-mères.

Larziz mon chéri

(peut aussi se décliner en *Larziz dialé*).

Le'haïm
littéralement: A la vie;
communément: Santé.

J'TE LA RACONTE !

Makach, walou

rien.

H'Mar, bazbone, blid bourriquot.

Mariage mixte

juif/non-juif,

séfarade/ashkénaze,

Algérien/Tunisien,

Algérois/Oranais, Belcourt/Telemly...

Mazel tov !

Bonne chance !

LA VÉRITÉ

Mettre l'œil
jeter un sort malgré soi.

Rmoum,
schwartz,
noir
black.

Schmatès
littéralement : chiffons ; communément : tissu.

Séfarade
Juif des pays méditerranéens

Sur la vie de...
serment assorti du nom
de la personne la plus chère.

TABLE DES MATIÈRES

Les mères   p. 9

Les hommes, les femmes et les enfants   p. 33

Les affaires et l'argent   p. 77

La religion   p. 123

Le lexique   p. 175

Composition réalisée par New Age Productions - Paris

Impression réalisée sur CAMERON par
BRODARD ET TAUPIN
La Flèche

pour le compte d'Édition°1
43, quai de Grenelle 75015 Paris
en juin 1997

Imprimé en France
Dépôt légal : juin 1997
N° d'édition : 2967 – N° d'impression : 1788S-5
ISBN : 2-86391-827-3
49-83-1080-01/8